Impressum
Verlag: BABADADA GmbH, Nedderfeld 112 , 22529 Hamburg
Geschäftsführer / Verlagsleitung: Harald Hof
Druck: Books on Demand GmbH, In de Tarpen 42, 22848 Norderstedt

Imprint
Publisher: BABADADA GmbH, Nedderfeld 112 , 22529 Hamburg, Germany
Managing Director / Publishing direction: Harald Hof
Print: Books on Demand GmbH, In de Tarpen 42, 22848 Norderstedt

escola

դպրոց

classe
մատյան
dividir
բաժանել
186/2
tauler
գրատախտակ
pati (de l'escola)
խաղադաշտ
professor
ուսուցիչ
paper
թուղթ
escriure
գրել
estilogràfica
գրիչ
escriptori
գրասեղան
regle
քանոն
llibre
գիրք
estudiant
աշակերտ

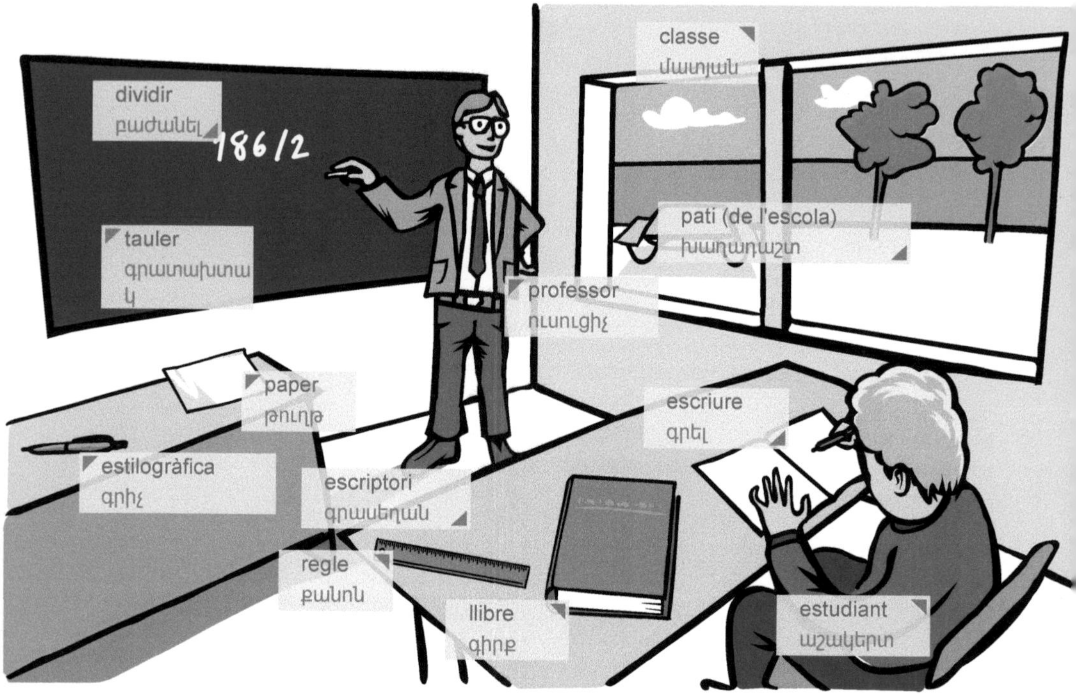

bossa

պայուսակ

estoig

գրչատուփ

llapis

մատիտ

maquineta de fer punta

մատիտի սրիչ

goma

ռետին

bloc de dibuix

նկարչական ալբոմ

dibuix

նկարչություն

pinzell

վրձին

capsa de pintures

ներկերի տուփ

tisores

մկրատ

cola

սոսինձ

quadern d'exercicis

տետր

deures

Տնային աշխատանք

nombre

թիվ

afegir

գումարել

sostreure

հանել

multiplicar

բազմապատկել

calcular

հաշվել

lletra

տառ

alfabet

այբուբեն

hello

mot

բառ

text

տեքստ

llegir

կարդալ

guix

կավիճ

lliçó

դաս

llibre de classe

մատյան

examen

քննություն

certificat

վկայական

uniforme escolar

դպրոցական համազգեստ

formació

կրթություն

enciclopèdia

հանրագիտարան

universitat

համալսարան

microscopi

մանրադիտակ

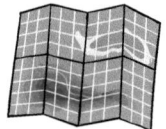

mapa

քարտեզ

paperera

աղբարկղ

viatge

ճանապարհորդություն

hotel
հյուրանոց
alberg
հանրակացարա
ն
oficina de canvi
փոխանակման կետ
maleta
ճամպրուկ
automòbil
ավտոմեքենա

llengua

լեզու

sí / no

այո / ոչ

D'acord

Լավ

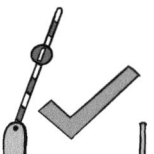

Ey!

ողջույն

traductora

թարգմանիչ

gràcies

Շնորհակալություն

Quant costa… ?

Որքա՞ն է …?

No entenc

Ես չեմ հասկանում

problema

խնդիր

Bona nit!

Բարի երեկո

bon dia!

Բարի լույս

bona nit!

Բարի երեկո

fins aviat

ցտեսություն

direcció

ուղղություն

bagatge

ուղեբեռ

bossa

պայուսակ

sarrona

մեջքի պայուսակ

convidat

հյուր

cambra

սենյակ

sac de dormir

քնապարկ

tenda

վրան

oficina de turisme

Զբոսաշրջության տեղեկատվական

platja

լողափ

carta de crèdit

ԿՐԵԴԻՏ քարտ

esmorzar

նախաճաշ

dinar

լանչ

sopar

ճաշ

bitllet

տոմս

ascensor

վերելակ

segell

կնիք

frontera

սահման

duana

մաքսային

ambaixada

դեսպանություն

visat

մուտքի արտոնագիր

passaport

անձնագիր

transport

Փոխադրամիջոցներ

vol
ինքնաթիռ
vaixell
նավ
automòbil dels bombers
հրշեջ մեքենա
bus
ավտոբուս
camió
բեռնատար մեքենա
llanxa de motor
մոտորանավակ
bicicleta
հեծանիվ
automòbil
ավտոմեքենա

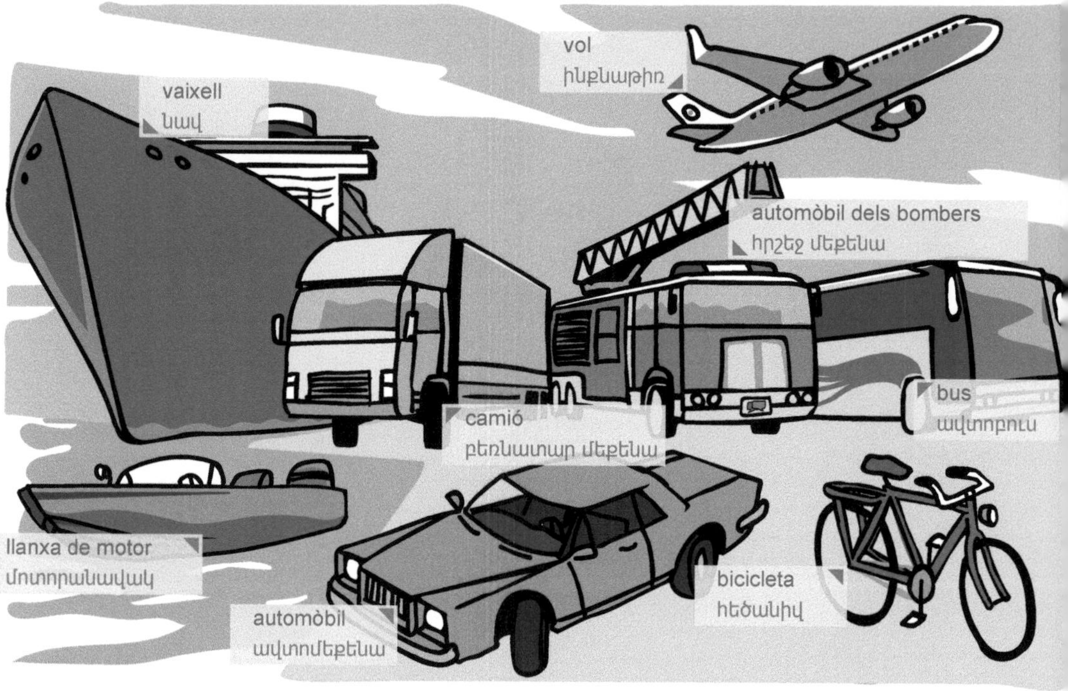

transbordador

լաստանավ

barca

նավակ

moto

մոտոցիկլ

automòbil de policia

ոստիկանության մեքենա

automòbil de curses

մրցարշավային մեքենա

automòbil de lloguer

վարձակալվող մեքենա

vehicle compartit

մեքենայի վարձակալում

grua

էվակուատոր

camió de les escombraries

աղբահանության մեքենա

motor

շարժիչ

benzina

վառելիք

benzineria

բենզալցակայան

senyal de trànsit

երթևեկության նշան

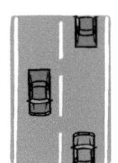

trànsit

երթևեկություն

embús

խցանում

aparcament

ավտոկանգառ

estació de trens

երկաթուղային կայարան

vies

երկաթուղագիծ

tren

գնացք

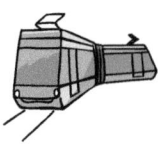

tramvia

տրամվայ

vagó

վագոն

helicòpter

ուղղաթիռ

aeroport

օդանավակայան

torre

աշտարակ

passatger

ուղեւոր

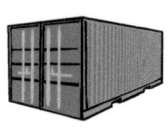

contenidor

աման

capsa de cartó

խավաքարտ

carretó

սայլ

cistella

զամբյուղ

enlairar-se / aterrar

հանեք / հողատարածք

ciutat

քաղաք

poble

գյուղ

centre de la ciutat

քաղաքի կենտրոնում

casa

տուն

cinema
կինոթատրոն
anunci
CINEMA
fanal
փողոցային լամպ
carrer
փողոց
taxista
տաքսի
quiosc
խորտկարան
pedestre
հետիոտն
vorera
մայթ
pas de zebra
հետիոտնային անցում
alleda d'escombraries
encreuament
անցում
semàfor
լուսացույց

cabana

խրճիթ

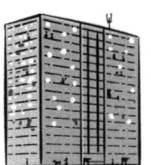

apartament

բնակարան

estació de trens

երկաթուղային կայարան

casa de la vila-ciutat

քաղաքապետարան

museu

թանգարան

escola

դպրոց

universitat

համալսարան

banca

բանկ

hospital

հիվանդանոց

hotel

հյուրանոց

farmàcia

դեղատուն

oficina

գրասենյակ

llibreria

գրքույկ խանութ

botiga

խանութ

floristeria

ծաղկի խանութ

supermercat

սուպերմարկետ

mercat

շուկա

gran magatzem

հանրախանութ

peixateria

ձկան խանութ

centre comercial

առևտրի կենտրոն

port

նավահանգիստ

parc

զբոսայգի

banc

բանկերը

pont

կամուրջ

escala

աստիճաններ

metro

մետրո

túnel

թունել

parada d'autobús

ավտոբուսի կանգառ

bar

բար

restaurant

ռեստորան

bústia de correu

փոստարկղ

senyal indicador

փողոցային նշան

parquímetre

ավտոկայանման հաշվիչ

zoo

կենդանաբանական այգի

piscina

լողավազան

mesquita

մզկիթ

granja

ֆերմա

pol·lució

աղտոտման

cementiri

գերեզմանոց

església

եկեղեցի

parc infantil

խաղահրապարակ

temple

տաճար

paisatge

բնապատկեր

fulla
փետղ

cartell indicador
ուղղության նշան

camí
ճանապարհ

prat
մարգագետին

pedra
քար

arbre
ծառ

excursionista
արշավականներ

riu
գետ

gespa
խոտ

flor
ծաղիկ

vall

հովիտ

muntanya

բլուր

llac

լիճ

bosc

անտառ

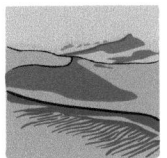

desert

անապատ

volcà

հրաբուխ

castell

ամրոց

arc de Sant Martí

ծիածան

bolet

սունկ

palmera

արմավենու ծառ

moscard

մժեղ

mosca

թռչել

formiga

մրջյուն

abella

մեղու

aranya

սարդ

escarabat

բզեզ

granota

գորտ

esquirol

սկյուռ

eriçó

ոզնի

llebre

նապաստակ

òliba

բու

ocell

թռչուն

cigne

կարապ

senglar

վարազ

cervo

եղջերու

ant

իշայծյամ

presa

պատնեշ

turbina

քամին տուրբինների

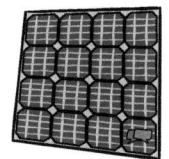

panell solar

արեւային վահանակ

clima

կլիմա

restaurant

ռեստորան

cambrer
մատուցող
menú
մենյու
cadira
աթոռ
sopa
ապուր
pizza
պիցցա
coberts
սպասք
tovalla
սփռոց

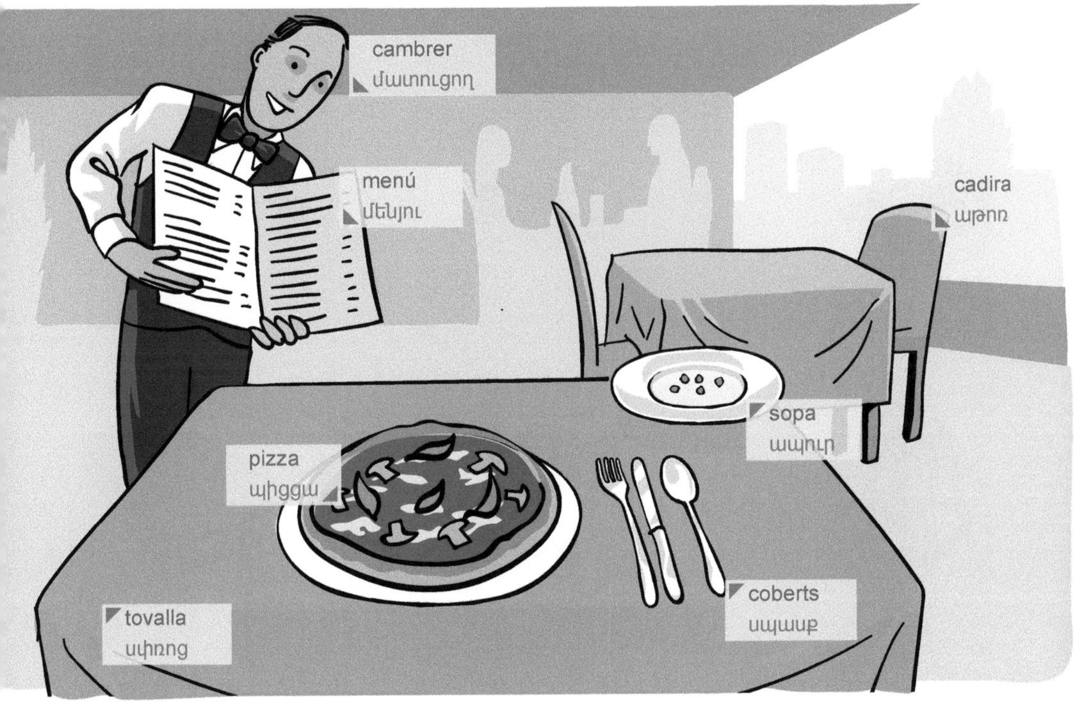

primer plat

ստարտեր

plat principal

հիմնական կերակուր

darreries

դեսերտ

begudes

օրական

menjar

սնունդ

ampolla

շիշ

menjar ràpid

արագ սնունդ

menjar de carrer

streetfood

tetera

թեյնիկ

sucrer

շաքարաման

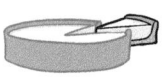

porció

բաժին

màquina d'espresso

էսպրեսսո մեքենա

trona

մանկական աթոռ

factura

օրինագիծ

plata

սկուտեղ

ganivet

դանակ

forqueta

պատառաքաղ

cullera

գդալ

cullereta

թեյի գդալ

tovalló

անձեռոցիկ

got

ապակի

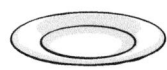

plat

ափսե

plat de sopa

խոր ափսե

plateret

պնակ

salsa

սոուս

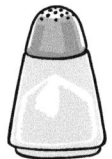

saler

աղաման

molinet de pebre

պղպեղի աղաց

vinagre

քացախ

oli

ձեթ

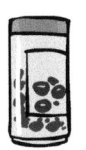

espècies

համեմունքներ

quètxup

կետչուպ

mostassa

մանանեխ

maionesa

մայոնեզ

supermercat
սուպերմարկետ

oferta especial
հատուկ առաջարկ
FOR
client
հաճախորդ
productes lactis
Dairy
fruites
միրգ
carret de la compra
գնումների սայլակ

carnisseria

մսամթերքի խանութ

forn de pa

հացամթերքի խանութ

pesar

կշռել

verdures

բանջարեղեն

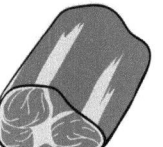

carn

միս

menjar congelat

սառեցված սննդամթերքի

carn freda

երշիկեղեն

conserves

պահածոների

detergent en pols

լվացքի փոշի

dolços

քաղցրավենիք

articles domèstics

տնտեսական ապրանքներ

productes de neteja

մաքրող միջոցներ

venedora

վաճառող

caixa registradora

դրամարկղ

caixera

գանձապահ

llista de la compra

գնումների ցուցակ

horari d'obertura

ժամերը

portamonedes

դրամապանակ

carta de crèdit

ԿՐԵԴԻՏ քարտ

bossa

պայուսակ

bossa de plàstic

պլաստիկ տոպրակ

begudes
օրական

aigua

ջուր

suc

հյութ

llet

կաթ

coca-cola

կոլա

vi

գինի

cervesa

գարեջուր

alcohol

սպիրտ

cacau

կակաո

te

թեյ

cafè

սուրճ

espresso

էսպրեսսո

cappuccino

կապուչինո

banana

բանան

poma

խնձոր

taronja

նարնջի

síndria

սեխ

llimona

կիտրոն

pastanaga

գազար

all

սխտոր

bambú

բամբուկ

ceba

սոխ

bolet

սունկ

avellanes

ընկուզեղեն

fideus

արիշտա

espaguetis

սպագետտի

arròs

բրինձ

amanida

աղցան

patates fregides

չիպս

patates fregides

տապակած կարտոֆիլ

pizza

պիցցա

hamburguesa

համբուրգեր

entrepà

սենդվիչ

escalopa

կոտլետ

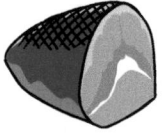

cuixot

խոզապուխտ

salami

սալյամի

salsitxa

երշիկ

pollastre

հավ

rostit

խորոված

peix

ձուկ

flocs de civada

վարսակի փաթիլներ

musli

մյուսլի

cereals

եգիպտացորենի փաթիլներ

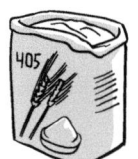

farina

ալյուր

croissant

կրուասան

panet

բուլկի

pa

հաց

torrada

տոստ

bescuits

թխվածքաբլիթներ

mantega

կարագ

mató

կաթնաշոռ

pastís

տորթ

ou

ձու

ou fregit

տապակած ձու

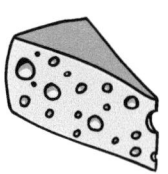

formatge

պանիր

gelat

պաղպաղակ

sucre

շաքար

mel

մեղր

melmelada

ջեմ

crema de xocolata

նուգա սերուցք

curri

կարրի

granja

granja
ֆերմային տնակ
graner
գոմ
bala de palla
ծղոտի դեզ
camp
դաշտ
cavall
ձի
remolc
կցասայլ
tractor
տրակտոր
poltre
քուռակ
ase
ավանակ
ovella
ոչխար
xai
գառ

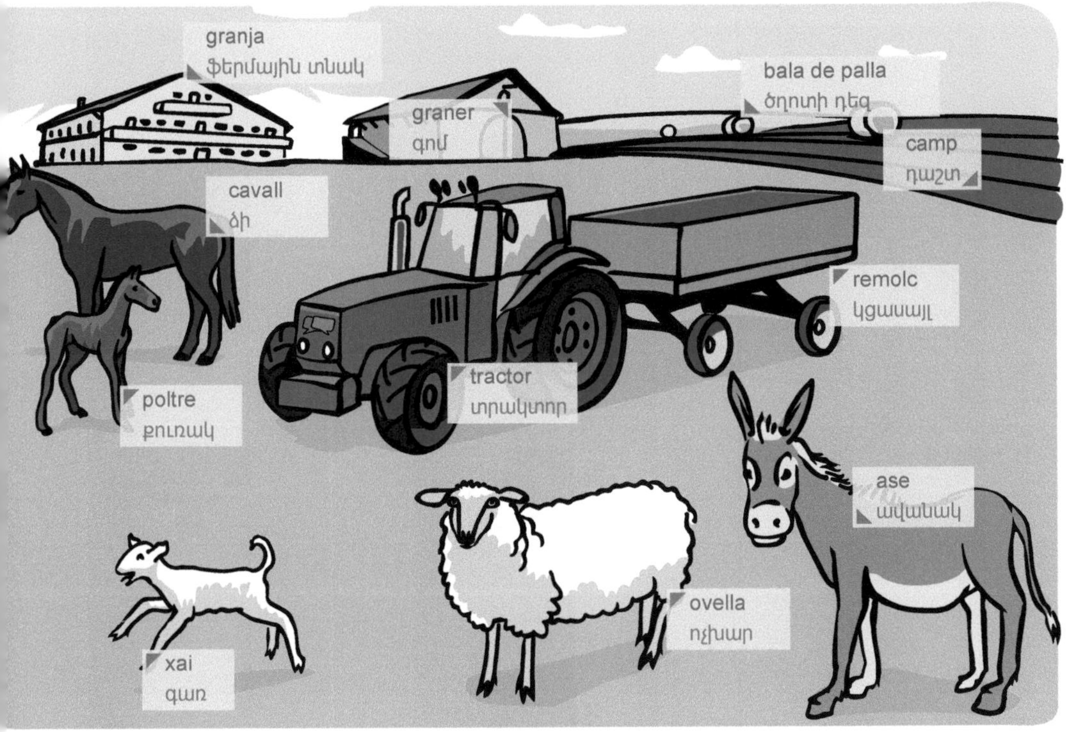

cabra

այծ

vaca

կով

vedella

հորթ

porc

խոզ

garrí

խոճկոր

bou

ցուլ

oca

սագ

ànec

բադ

poll

ճուտ

gall

հավ

gallina

աքլոր

rata

առնետ

gat

կատու

ratolí

մուկ

bou

ցուլ

gos

շուն

gossera

շան բուն

mànega de regar

այգու փողրակ

regadora

watering կարող է

dalla

գերանդի

arada

գութան

falç

մանգաղ

aixada

թոխր

forca

եղան

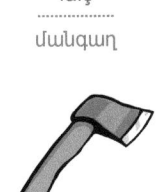

destral

կացին

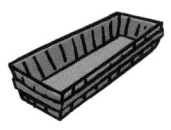

carretó

միանիվ ձեռնասայլակ

abeurador

կերակրատաշտ

lletera

կաթի բիդոն

sac

պարկ

tanca

ցանկապատ

establa

կայուն

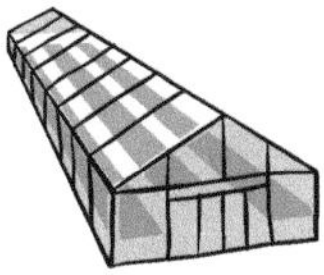

hivernacle

ջերմոց

sòl

հող

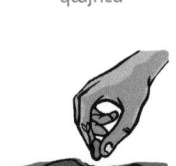

llavor

սերմ

adob

պարարտանյութ

collidora

բերքահավաք կոմբայն

collir

բերք

collita

բերք

nyam

յամս

blat

ցորեն

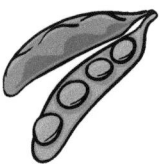

soja

սոյա

patata

կարտոֆիլ

blat de moro o d'indi

եգիպտացորեն

colza

rapeseed

arbre fruiter

մրգային ծառ

mandioca

manioc

cereals

շիլաներ

fumera
ծխնելույզ
teulada
տանիք
canaló
ջրհորդան խողովակ
finestra
պատուհան
garatge
ավտոտնակ
campana
դռան զանգ
porta
դուռ
galleda de les escombraries
աղբարկղ
bústia de correu
փոստարկղ
jardí
պարտեզ

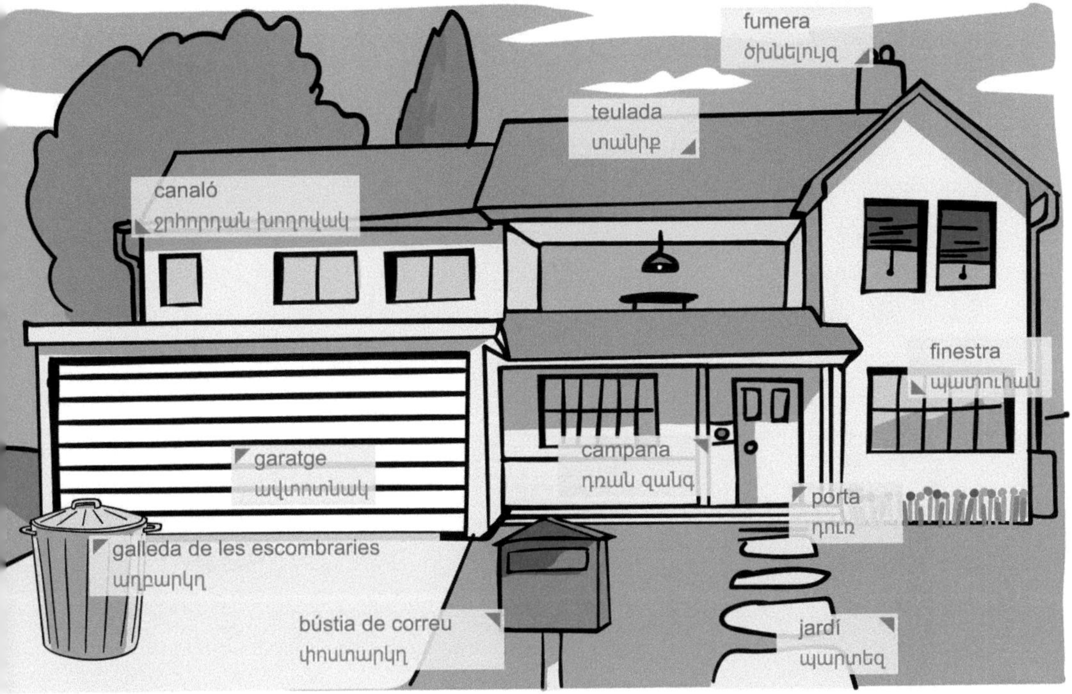

sala d'estar

հյուրասենյակ

bany

լողասենյակ

cuina

խոհանոց

cambra de dormir

ննջարան

cambra de nen

մանկական սենյակ

menjador

ճաշասենյակ

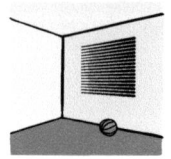

sòl

հարկ

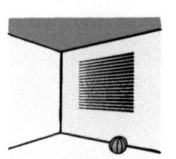

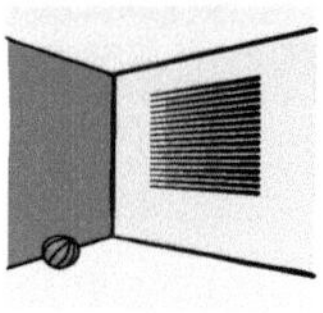

paret

պատ

sostre

առաստաղ

soterrani

նկուղ

sauna

շոգեբաղնիք

balcó

պատշգամբ

terrassa

պատշգամբ

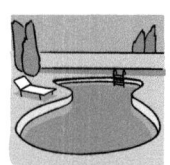

piscina

ավազան

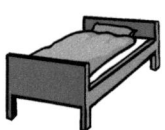

tallagespa

խոտհնձիչ

vànova

թերթ

cobrellit

անկողնու ծածկոց

llit

մահճակալ

escombra

ավել

galleda

դույլ

interruptor

անջատիչ

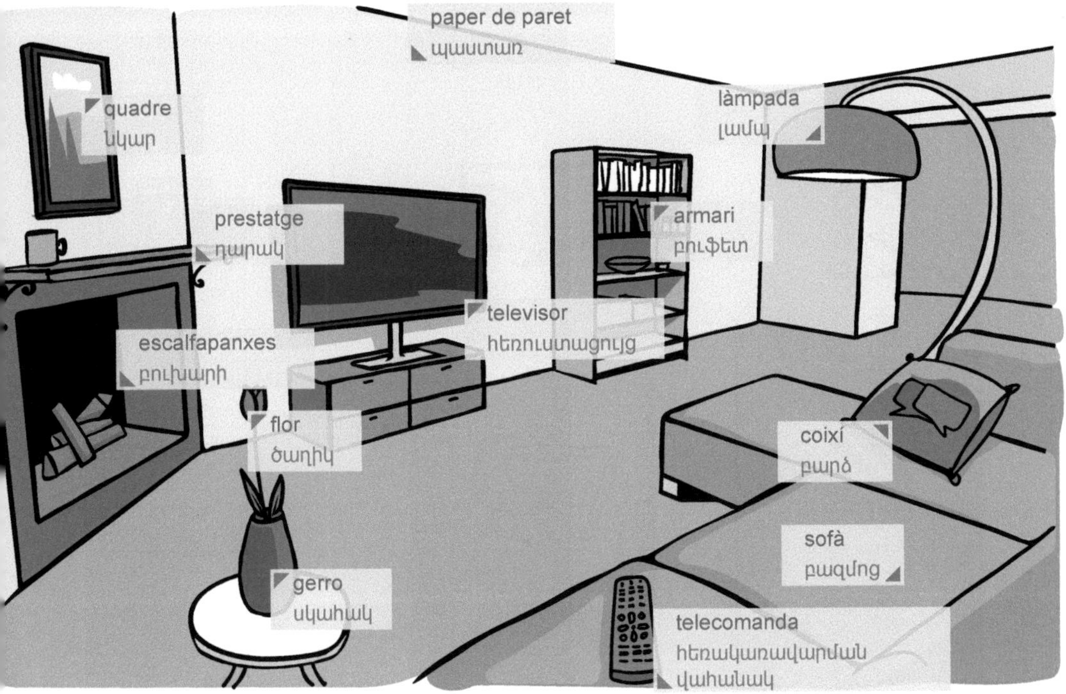

paper de paret
պաստառ

quadre
նկար

làmpada
լամպ

prestatge
դարակ

armari
բուֆետ

televisor
հեռուստացույց

escalfapanxes
բուխարի

coixí
բարձ

flor
ծաղիկ

sofà
բազմոց

gerro
սկահակ

telecomanda
հեռակառավարման
վահանակ

catifa

գորգ

cortina

վարագույր

taula

սեղան

cadira

աթոռ

cadira gronxadora

ճոճվող բազկաթոռ

cadiral

բազկաթոռ

llibre

գիրք

llençol

վերմակ

decoració

զարդարանք

llenya

վառելափայտ

film

ֆիլմ

cadena de música

hi-fi

clau

բանալի

diari

թերթ

pintura

նկար

cartell

պլակատ

ràdio

ռադիո

bloc de notes

տետր

aspiradora

փոշեկուլ

cactus

կակտուս

candela

մոմ

cuina
խոհանոց

refrigerador
սառնարանի
microones
միկրոալիքային վառարան
balança de cuina
խոհանոցի կշեռք
torradora
տոստեր
detergent per a plats
լվացող հեղուկ
forn
վառարան
congelador
սառնարան
galleda de les escombraries
աղբարկղ
rentaplats
աման լվացող սարք

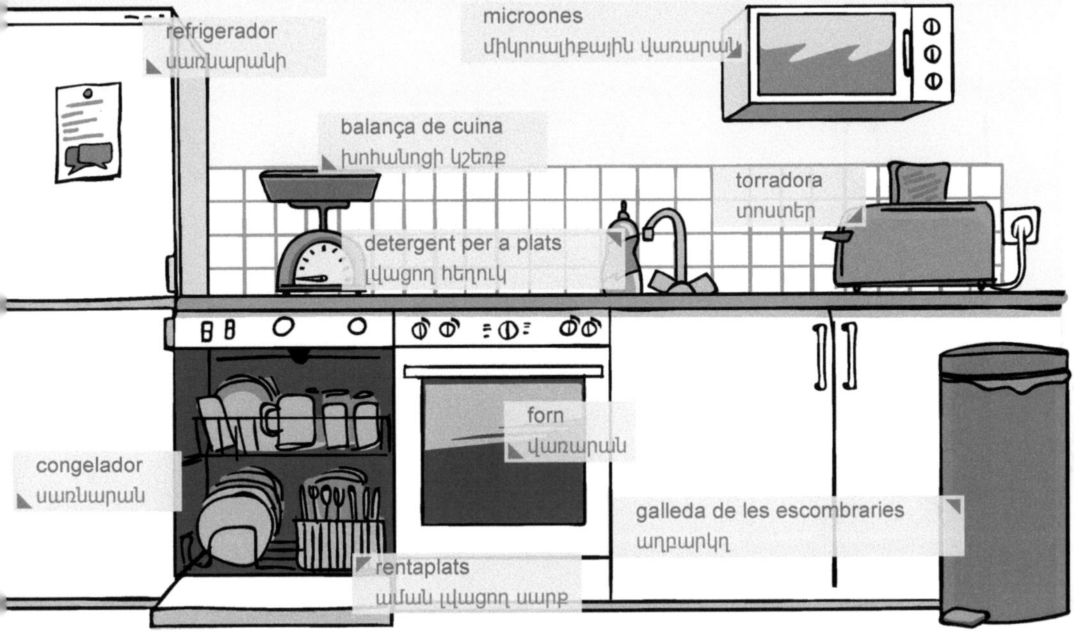

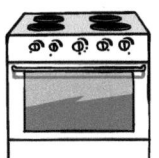

cuina de fogons

կաթսա

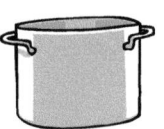

olla

կճուճ

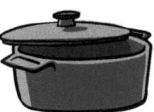

olla de ferro colat

թուջե աման

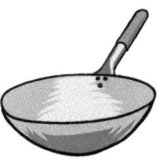

wok / karahi

wok / kadai

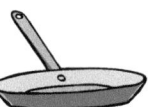

paella

թավա

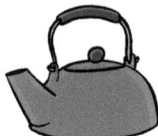

bullidor

թեյնիկ

olla de vapor

շոգենավ

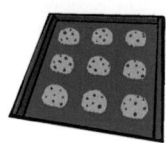

plata de forn

ջեռոցի սկուտեղ

vaixella

ամանեղեն

tassa grossa

բաժակ

bol

խորը աման

bastonets xinesos

փայտիկներ

culler

շերեփ

espàtula

խոհանոցային բահիկ

batedor

հարել

colador

քամիչ

sedàs

մաղ

ratllador

քերիչ

morter

հավանգ

barbacoa

խորոված

foc a terra

բաց կրակի

taula de tallar

տախտակ

corró

գրտնակ

llevataps

խցանահան

pot de conserva

բանկա

obridor

բացիչ

agafador

խոհանոցային բռնիչ

aigüera

լվացարան

raspall

խոզանակ

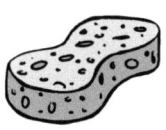

esponja

սպունգ

batedora

բլենդեր

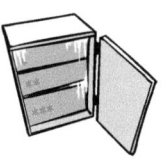

congelador

սառնարան

biberó

մանկական շիշ

aixeta

թակել

bany

լողասենյակ

calefacció
ջեռուցում
tovallola
սրբիչ
dutxa
ցնցուղ
cortina de dutxa
լոգարանի վարագույր
bany de bombolles
փրփուրով վաննա
banyera
լոգարան
rentadora
լվացքի մեքենա
rajoles
սալիկներ
orinal
մանր
got
ապակի
aixeta
թակել
aigüera
լվացարան

lavabo

զուգարան

lavabo turc

կզելը զուգարան

bidet

բիդե

orinador

pissoir

paper higiènic

զուգարանի թուղթ

escombreta de sanitari

զուգարանի խոզանակ

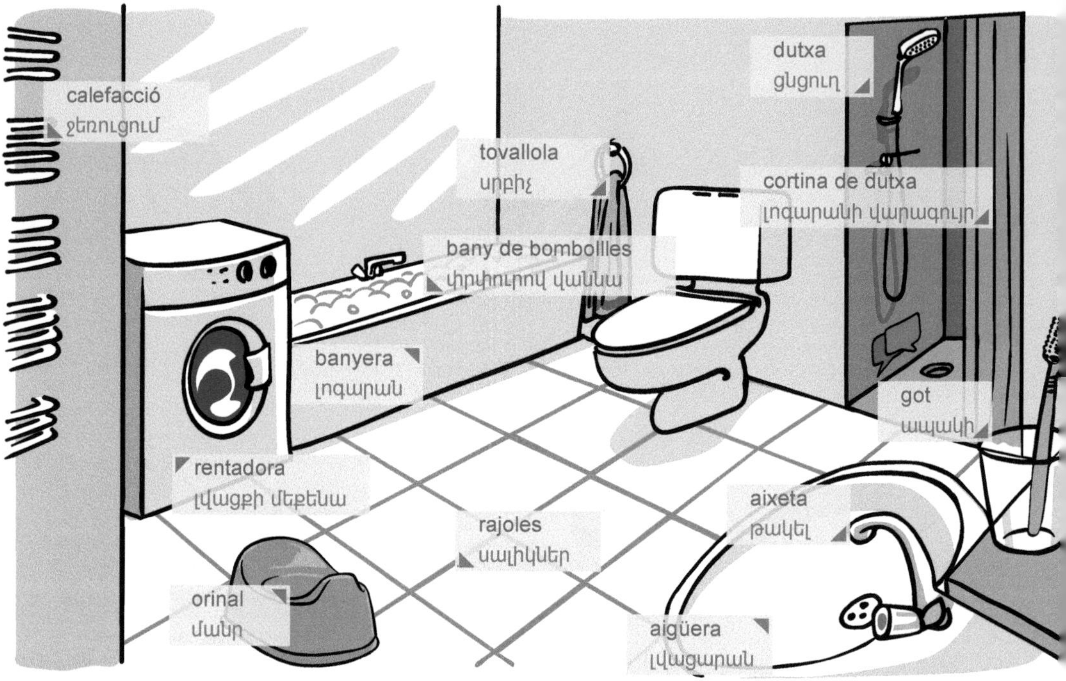

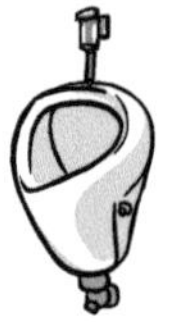

raspall de dents

ատամի խոզանակ

pasta de dents

ատամի քսուք

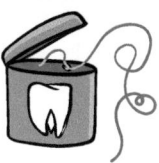

fil dental

ատամի թել

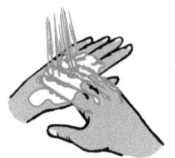

rentar

լվանալ

pom de dutxa

ձեռքի ցնցուղ

dutxa íntima

ցնցուղ

rentamans

ավազան

raspall per a l'esquena

մեջքի խոզանակ

sabó

օճառ

gel de dutxa

լոգանքի գել

xampú

շամպուն

manyopla de bany

ճիլոպ

bonera

հատականցք

crema

կրեմ

desodorant

դեզոդորանտ

mirall

հայելի

mirall-espill de mà

ձեռքի հայելի

maquineta de rasar

սափրիչ

espuma de barbejar

Սափրվելու փրփուր

loció post-rasada

սափրվելուց հետո քսվող
լոսյոն

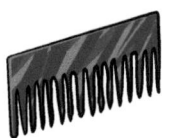

pinta

սանր

raspall

խոզանակ

eixugador

մազերի չորացուցիչ

laca

մազի լաք

maquillatge

դիմահարդարում

pintallavis

շրթնաներկ

esmalt d'ungles

եղունգների լաք

cotó

բամբակ

tallaungles

եղունգների մկրատ

perfum

օծանելիք

estoig de bellesa

դիմահարդարման
պայուսակ

tamboret

աթոռակ

bàscula

կշեռք

barnús

լողանալու խալաթ

guants de goma

ռետինե ձեռնոցներ

compresa higiènica

տամպոն

compresa

սանիտարական սրբիչ

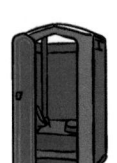

sanitari químic

քիմիական զուգարան

cambra de nen

մանկական սենյակ

despertador
զարթուցիչ ժամացույց
animal de peluix
փափուկ խաղալիք
auto de joguina
խաղալիք մեքենա
sonall
բլբլալ
casa de nines
տիկնիկների տնակ
present
ներկա

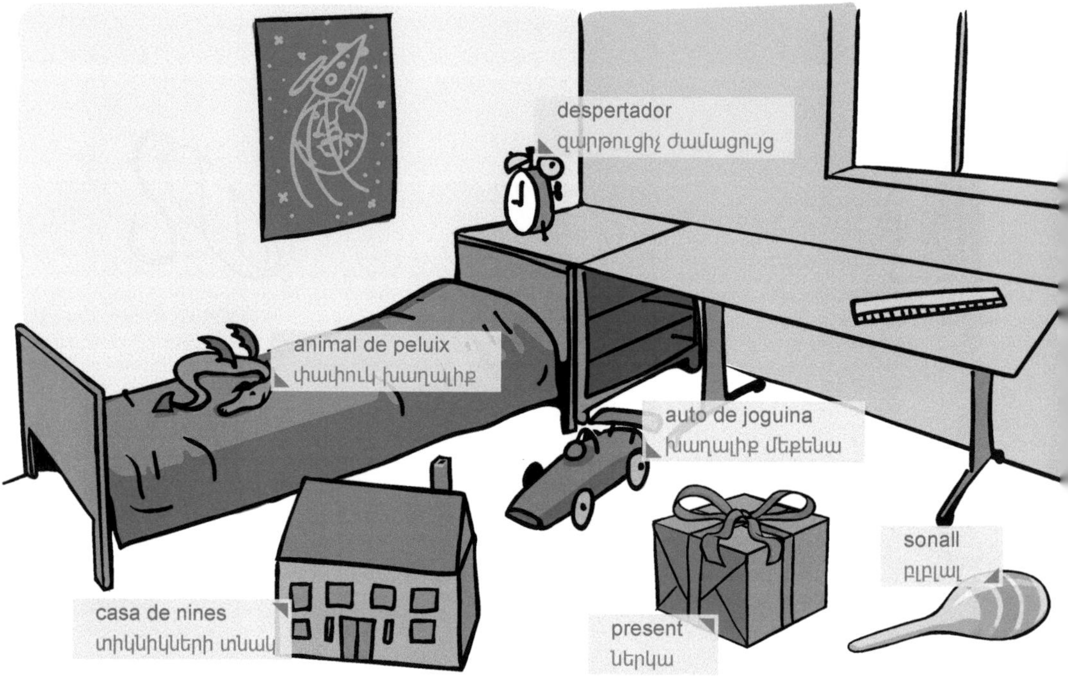

baló

փուչիկ

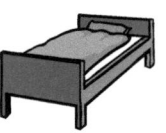

llit

մահճակալ

cotxet per a nens

մանկական սայլակ

joc de cartes

խաղաթղթեր

trencaclosca

խճապատկեր

historieta

կոմիքս

peces de lego

Լեգո կուբիկներ

peces de construcció

կառուցողական խաղալիքներ

ninot d'acció

ակցիան գործիչ

granota

մանկական բոդի

frisbee

Frisbee

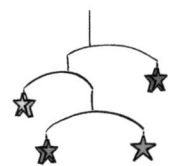

mòbil per a bressol

շարժական

joc de taula

խաղատախտակ

daus

զառախաղ

tren elèctric

գնացքների կազմ

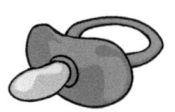

xumet

ծծակ

festa

կուսակցություն

llibre de dibuixos

մանկական պատկերազարդ գիրք

pilota

գնդակ

nina

տիկնիկ

jugar

խաղալ

sorrera

ավազե խաղահրապարակի

gronxador

ռիթմ

joguines

Խաղալիքներ

consola de jocs de vídeo

վիդեո խաղ մխիթարել

tricicle

եռանիվ հեծանիվ

osset de peluix

խաղալիք արջուկ

armari

պահարան

roba

հագուստ

mitjons

կիսագուլպա

mitges

գուլպա

mitja pantaló

զուգագուլպա

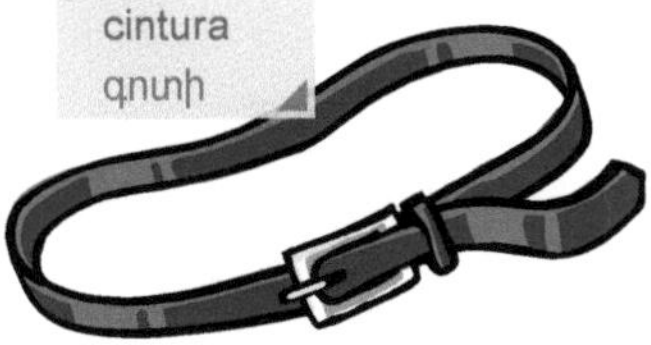

tapacoll
շարֆ

paraigua
հովանոց

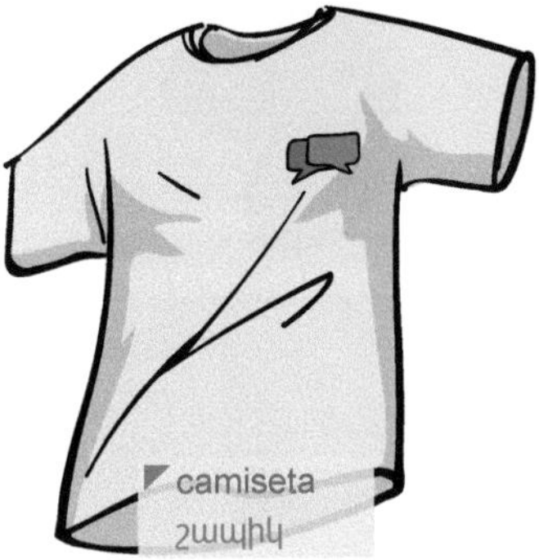

cintura
գոտի

camiseta
շապիկ

sabates d'esport
սպորտային կոշիկներ

botes
կոշիկ

plantofes
հողաթափեր

sandàlies
....
սանդալներ

sabates
....
կոշիկ

botes de goma
....
ռետինե կոշիկներ

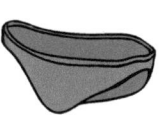

calçonets
....
վարտիք

sostenidor
....
կրծկալ

guardapits
....
մայկա

jjustacòs

Մարմին

pantalons

անդրավարտիք

jeans

ջինս

faldeta

կիսաշրջազգեստ

brusa

բլուզ

camisa

վերնաշապիկ

jersei

պուլովեր

dessuadora

սպորտային կուրտկա

blazer

պիջակ

jaqueta

կուրտկա

mantell

վերարկու

impermeable

անձրևանոց

vestit de dona

կանացի կոստյում

vestit de dona

զգեստ

vestit de núvia

հարսանյաց զգեստ

vestit d'home

տղամարդու կոստյում

camisa de dormir

գիշերանոց

pijama

պիժամա

sari

Սարի

mocador de cap

գլխաշորն

turbant

չալմա

burca

չադրա

caftan

արևելյան խալաթ

abaia

հաստ վերարկու

vestit de bany

կանացի լողազգեստ

calçon(et)s de bany

տղամարդու լողազգեստ

pantalons curts

շորտ

xandall

սպորտային համազգեստ

davantal

գոգնոց

guants

ձեռնոցներ

botó

կոճակ

ulleres

ակնոց

braçalet

ապարանջան

collaret

վզնոց

anell

մատանի

orellera

ականջօղ

casquet

գլխարկ

penjador

կախիչ

capell

գլխարկ

corbata

փողկապ

cremallera

շղթա

casc

սաղավարտ

elàstics

տաբատակալ

uniforme escolar

դպրոցական համազգեստ

uniforme

համազգեստ

pitet

մանկական գոգնոց

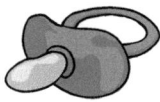

xumet

ծծակ

bolquer

մանկական տակդիր

oficina

գրասենյակ

servidor
սերվեր
armari arxivador
գրասենյակային պահարան
impressora
տպիչ
paper
թուղթ
monitor
մոնիտոր
ratolí
մկնիկ
escriptori
գրասեղան
arxivador
թղթապանակ
teclat
ստեղնաշար
paperera
աղբարկղ
ordinador
համակարգիչ
cadira
աթոռ

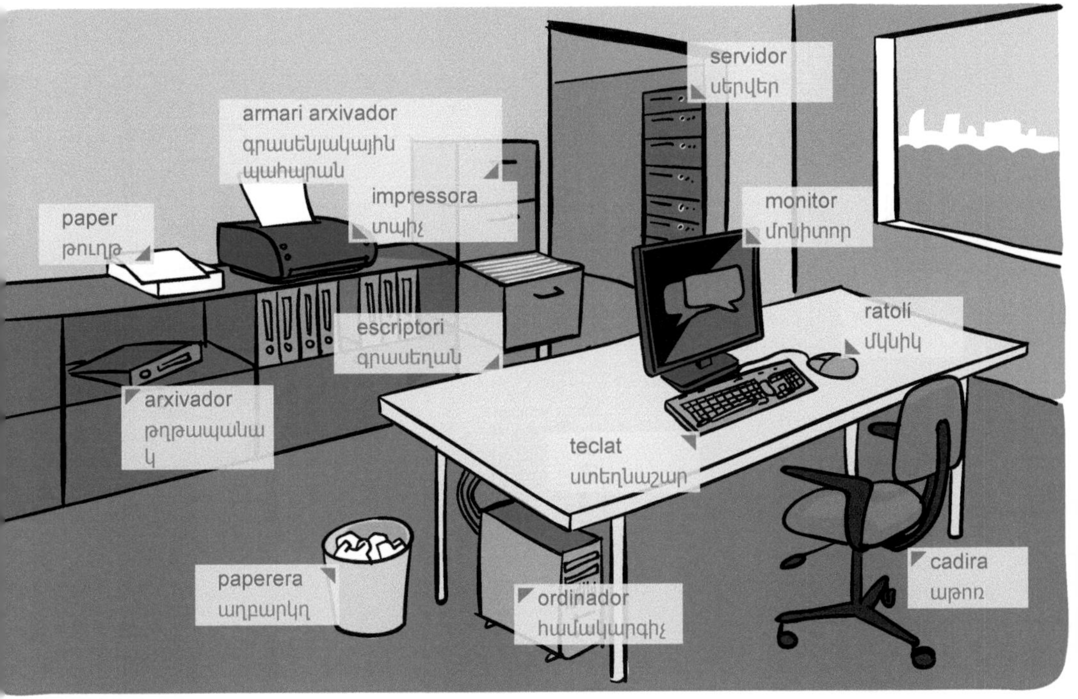

tassa de cafè

սուրճի գավաթ

calculadora

հաշվիչ

Internet

ինտերնետ

oficina - գրասենյակ 49

ordinador portàtil

laptop

lletra

նամակ

missatge

հաղորդագրություն

mòbil

բջջային հեռախոս

xarxa

ցանց

fotocopiadora

պատճենահանման սարք

programari

ծրագրային ապահովում

telèfon

հեռախոս

presa de corrent

վարդակ

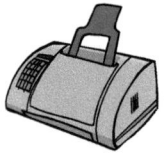

fax

ֆաքսի մեքենա

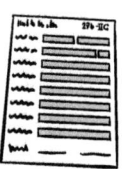

formulari

տեսակ

document

փաստաթուղթ

comprar

գնել

pagar

վճարել

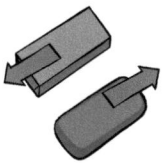

comerciar

առեւտրի

diners

փող

dòlar

դոլար

euro

եվրո

ien

իեն

ruble

ռուբլի

franc suís

շվեյցարական Ֆրանկ

renminbi

յուան

rupia

ռուպի

caixa automàtica

բանկոմատ

oficina de canvi

փոխանակման կետ

or

ոսկի

argent

արծաթ

petroli

նավթ

energia

էներգիա

preu

գին

contracte

պայմանագիր

impost

հարկ

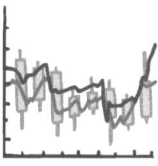

acció

ակցիաներ

treballar

աշխատանք

treballador

ծառայող

empresari

գործատուն

fàbrica

գործարան

botiga

խանութ

oficis
մասնագիտություն

oficial de policia
ոստիկան
bomber
հրշեջ
cuiner
խոհարար
doctora
բժիշկ
pilot
օդաչու

jardiner

այգեպան

fuster

ատաղձագործ

costurera

դերձակուհի

jutge

դատավոր

química

քիմիկոս

actor

դերասան

conductor d'autobús

ավտոբուսի վարորդ

taxista

տաքսու վարորդ

pescador

ձկնորս

dona de la neteja

հավաքարար

ensostrador

տանիքագործ

cambrer

մատուցող

caçador

որսորդ

pintor

նկարիչ

forner

հացթուխ

electricista

էլեկտրատեխնիկ

obrer de la construcció

շինարար

enginyer

ինժեներ

carnisser

մսագործ

llanterner

ջրմուղագործ

correu

փոստարար

soldat

զինվոր

arquitecte

ճարտարապետ

caixera

գանձապահ

florista

ծաղկավաճառ

perruquer

վարսավիր

revisor

տոմսավաճառ

mecànic

մեխանիկ

capità

կապիտան

dentista

ատամնաբույժ

científic

գիտնական

rabí

ռաբբի

imam

Իմամ

monjo

կուսակրոն

capellà

հոգեւորական

eines

գործիքներ

martell
մուրճ
tenalles
տափակաբերան աքցան
descaragolador
պտուտակահան
clau anglesa
դարձակ
llanterna
լապտեր

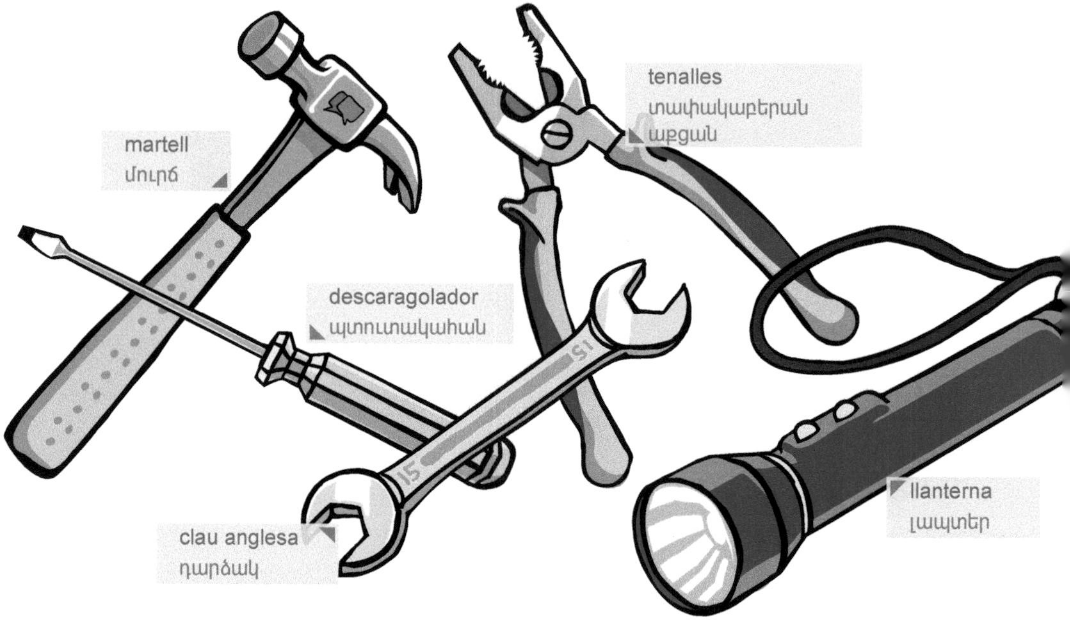

excavadora

էքսկավատոր

caixa d'eines

գործիքների տուփ

escala

սանդուղք

serra

սղոց

claus

մեխեր

trepant

գայլիկոն

reparar

նորոգում

pala

բահ

Maleït siga!

գրողը տանի

pala

գոգաթիակ

pot de pintura

ներկաման

caragols

պտուտակներ

instrument de música

երաժշտական գործիքներ

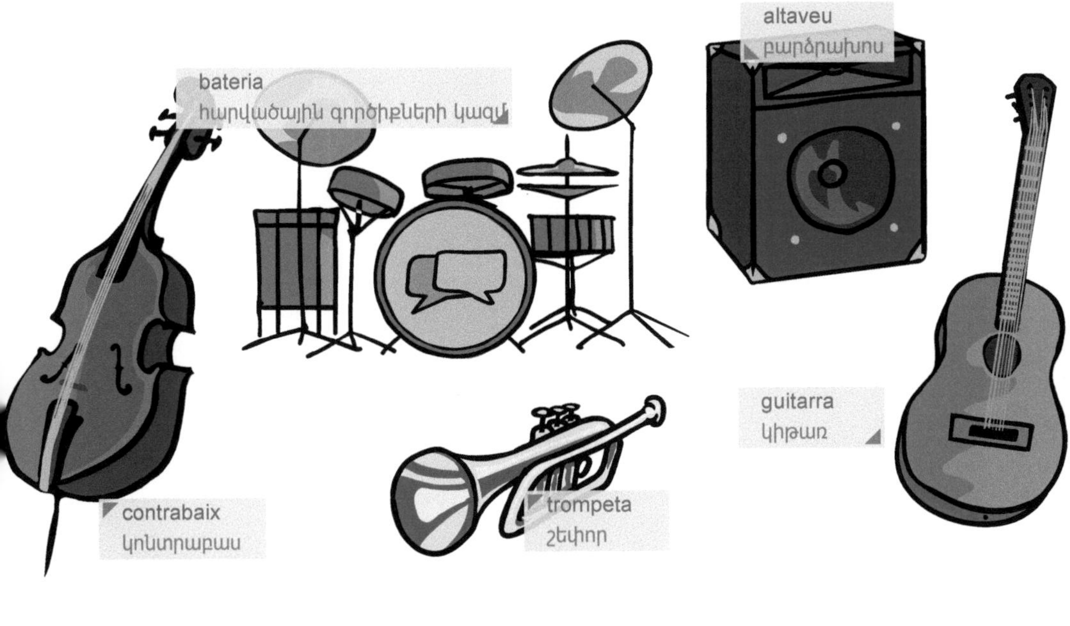

altaveu
բարձրախոս

bateria
հարվածային գործիքների կազմ

guitarra
կիթառ

contrabaix
կոնտրաբաս

trompeta
շեփոր

piano

դաշնամուր

violí

ջութակ

baix

բաս

timbal

թմբուկներ

tambor

հարվածային գործիքներ

teclat

ստեղնաշար

saxofon

սաքսոֆոն

flauta

ֆլեյտա

micròfon

միկրոֆոն

instrument de música - երաժշտական գործիքներ

tigre
վագր

gàbia
վանդակ

zebra
զեբր

aliment per a animals
կենդանիների կերակուր

entrada
մուտք

ós panda
պանդա

animals

կենդանիներ

elefant

փիղ

cangurú

կենգուրու

rinoceront

ռնգեղջյուր

goril·la

գորիլա

ós

գորշ արջ

camell

ուղտ

estruç

ջայլամ

lleó

առյուծ

simi

կապիկ

flamenc

ֆլամինգո

papagai

թութակ

ós polar

բևեռային արջ

pingüí

պինգվին

ca mari

շնաձուկ

paó

սիրամարգ

serp

օձ

cocodril

կոկորդիլոս

guardià del zoo

կենդանաբանական այգու
աշխատող

foca

փոկ

jaguar

յագուար

poni

պոնի

lleopard

ընձառյուծ

hipopòtam

գետաձի

girafa

ընձուղտ

àliga

արծիվ

senglar

վարազ

peix

ձուկ

tortuga

կրիա

morsa

ծովացուլ

guineu

աղվես

gasela

վիթ

esports

սպորտներ

futbol americà
ամերիկյան ֆուտբոլ
ciclisme
հեծանվավազք
tenis
թենիս
bàsquet
բասկետբոլ
natació
լող
hoquei sobre gel
հոկեյ
boxa
բռնցքամարտ

futbol americà

ֆուտբոլ

bàdminton

բադմինտոն

atletisme

աթլետիկա

handbol

ձեռքի գնդակ

esquí

դահուկային սպորտ

polo

պոլո

riure
ծիծաղել
saltar
ցատկել
abraçar
գրկել
anar
քայլել
cantar
երգել
somiar
երազել
pregar
աղոթել
fer un petó
համբուրել

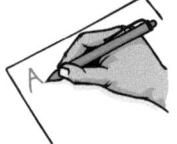

escriure

գրել

dibuixar

նկարել

mostrar

ցույց տալ

pitjar

հրել

donar

տալ

prendre

վերցնել

tenir

ունենալ

fer

դեպի

ésser

լինել

estar dret

կանգնել

córrer

վազել

estirar

քաշել

llançar

նետել

caure

ընկնել

jeure

ստել

esperar

սպասել

portar

կրել

asseure's

նստել

vestir-se

հագնվել

dormir

քնել

despertar-se

արթնանալ

mirar

նայել

plorar

լացել

amoixar

շոյել

pentinar

սանրվել

parlar

խոսել

comprendre

հասկանալ

demanar

հարցնել

escoltar

լսել

beure

խմել

menjar

ուտել

endreçar

հարդարվել

estimar

սիրել

cuinar

խոհարար

conduir

քշել

volar

թռչել

navegar

լողալ

calcular

հաշվել

llegir

կարդալ

aprendre

սովորել

treballar

աշխատանք

casar-se

ամուսնանալ

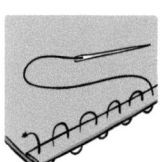

cosir

կարել

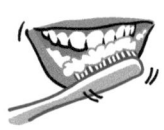

raspallar-se les dents

ատամները լվանալ

matar

սպանել

fumar

ծուխ

enviar

ուղարկել

àvia
տատիկ

avi
պապիկ

pare
հայր

mare
մայր

nadó
երեխա

filla
դուստր

fill
որդի

convidat

հյուր

tia

հորաքույր

oncle

հորեղբայր

germà

եղբայր

germana

քույր

cos

մարմին

front
ull
աչք
espatlla
ուս
dit
մատ
cara
դեմք
barbeta
կզակ
mà
ձեռք
pit
կուրծք
cama
ոտք
braç
թև

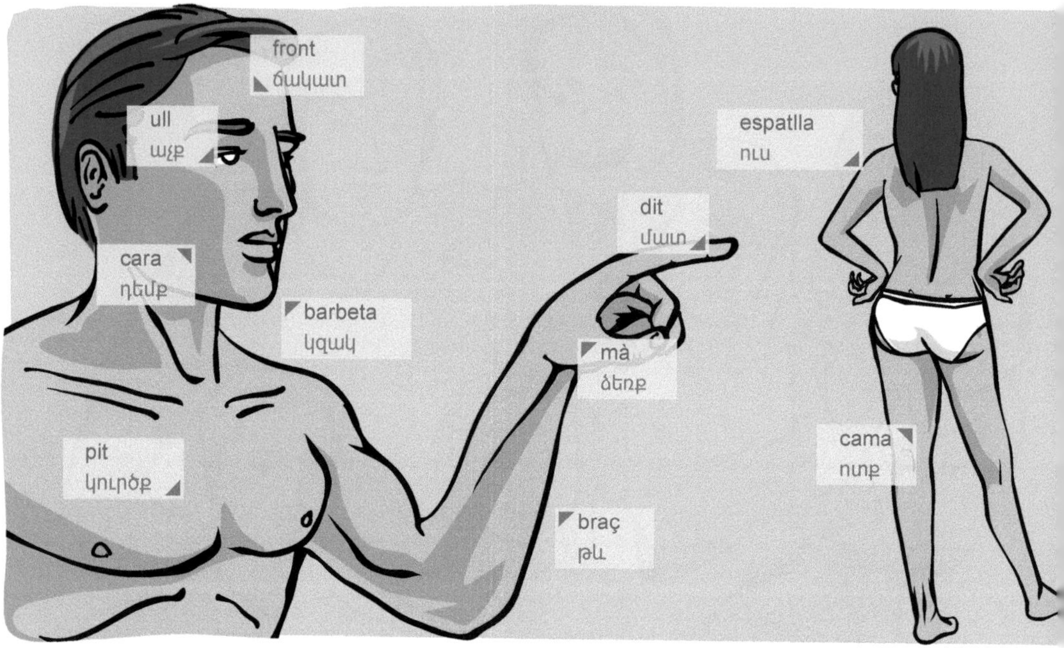

nadó

երեխա

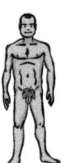

home

մարդ

dona

կին

noia

աղջիկ

noi

տղա

cap

գլուխ

esquena

մեջք

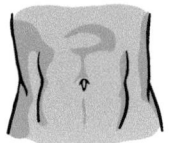

panxa

փոր

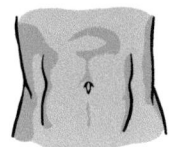

melic

պորտ

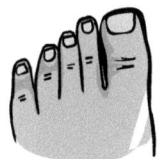

dit gros del peu

ոտնամատ

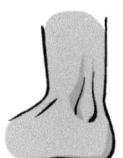

taló

կրունկ

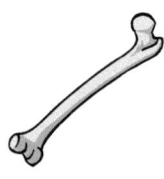

os

ոսկոր

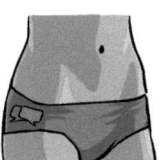

maluc

ազդր

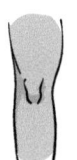

genoll

ծունկ

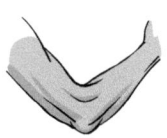

colze

արմունկ

nas

քիթ

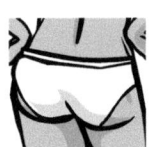

cul

հետույք

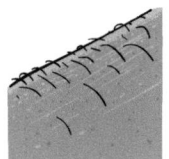

pell

մաշկ

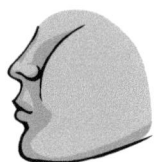

galta

այտ

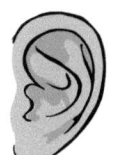

orella

ականջ

llavi

շրթունք

boca

բերան

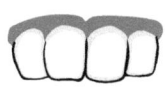

dent

ատամ

llengua

լեզու

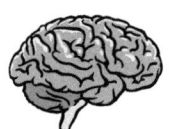

cervell

ուղեղ

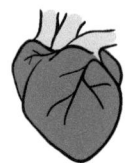

cor

սիրտ

múscul

մկան

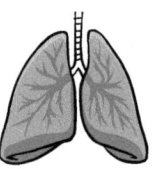

pulmó

թոք

fetge

լյարդ

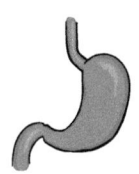

estómac

ստամոքս

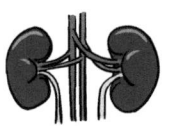

ronyó

երիկամներ

relació sexual

սեքս

preservatiu

պահպանակներ

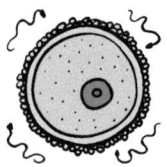

ovari

ձվաբջիջը

semen

Սեմյոն

prenyat

հղիություն

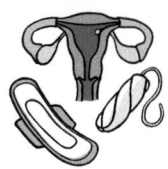

menstruació

դաշտան

vagina

հեշտոց

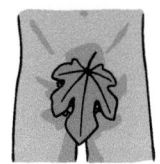

penis

առնանդամ

cella

հոնք

cabells

մազ

coll

պարանոց

hospital
հիվանդանոց

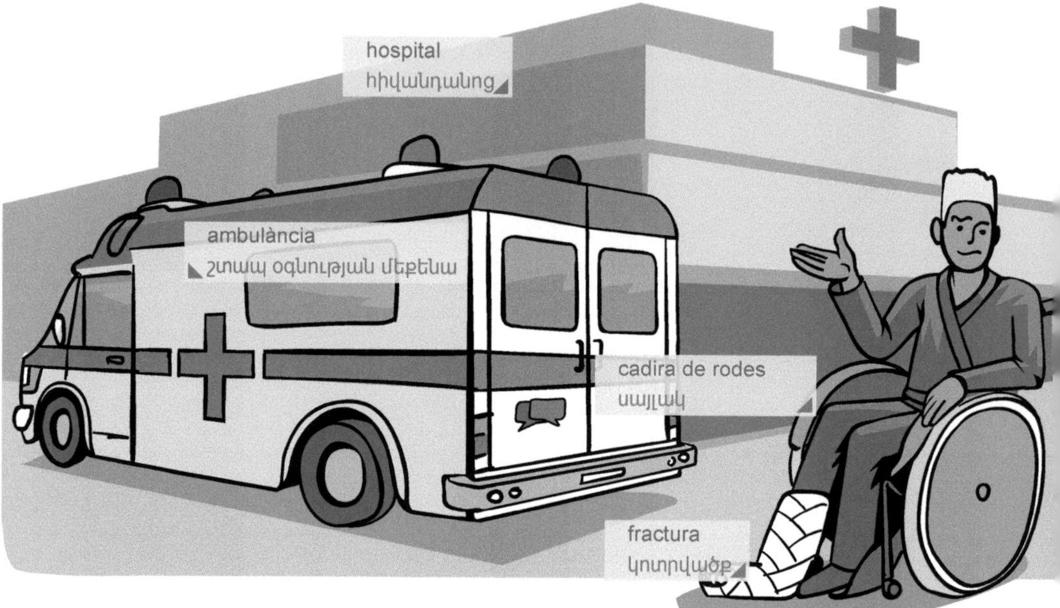

ambulància
շտապ օգնության մեքենա
cadira de rodes
սայլակ
fractura
կոտրվածք

doctora

բժիշկ

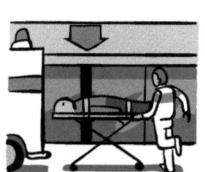

sala d'urgències

շտապ օգնության սենյակ

infermera

բուժքույր

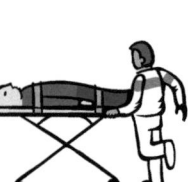

urgència

շտապ օգնություն

inconscient

անգիտակից

dolor

ցավ

ferida

վնասվածք

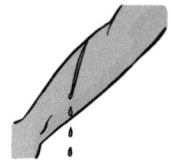

sagnament

արյունահոսություն

atac de cor

սրտի կաթված

apoplexia

կաթված

al·lèrgia

ալերգիա

tos

հազ

febre

տենդ

gripa

գրիպ

diarrea

փորլուծություն

mal de cap

գլխացավ

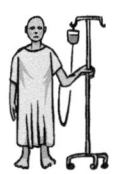

càncer

քաղցկեղ

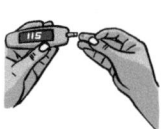

diabetis

դիաբետ

cirurgià

վիրաբույժ

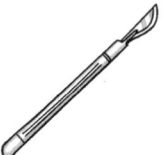

escalpel

վիրադանակ

operació

վիրահատություն

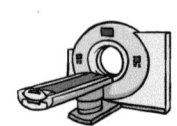

tomografia computada (TC), TAC

CT

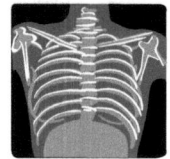

raigs x

ռենտգեն

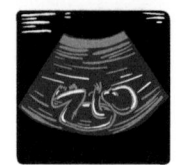

ultrasò

ուլտրաձայնային

mascareta

դեմքի դիմակ

malaltia

հիվանդություն

sala d'espera

սպասասրահ

crossa

հենակ

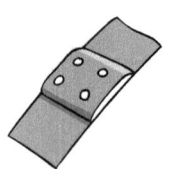

tireta

սպեղանի

embenat

վիրակապ

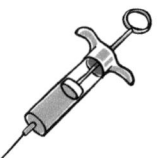

injecció

ներարկում

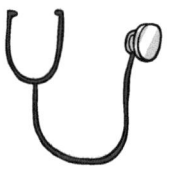

estetoscopi

լսափողակ

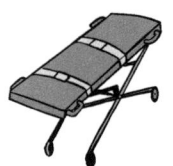

llitera

պատգարակ

termòmetre clínic

ջերմաչափ

pariment

ծնունդ

sobrepès

ավելաքաշ

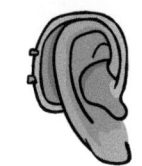

aparell auditiu

լսելով օգնության

desinfectant

ախտահանիչ

infecció

վարակ

virus

վիրուս

VIH / SIDA

ՄԻԱՎ / ՁԻԱՀ

medicina

դեղորայք

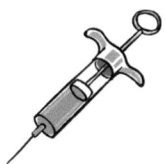

vaccí

պատվաստում

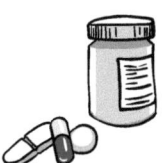

comprimits

հաբեր

píl·lola

հաբ

trucada d'urgència

ահազանգ

tensiòmetre

արյան ճնշման չափիչ սարք

malalt / sà

հիվանդ / առողջ

urgència

Շտապ օգնություն

Socors!

Օգնություն!

alarma

տագնապի ազդանշան

assalt

հարձակում

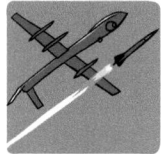

atac

հարձակում

perill

վտանգ

sortida-eixida d'urgència

վթարային ելք

Foc!

Հրդեհ

extintor

կրակմարիչ

accident

վթար

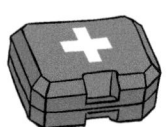

farmaciola de primers auxilis

առաջին օգնության դեղարկղ

SOS

SOS

policia

ոստիկանություն

Europa

Եվրոպա

Amèrica del Nord

Հյուսիսային Ամերիկա

Amèrica del Sud

Հարավային Ամերիկա

Àfrica

Աֆրիկա

Àsia

Ասիա

Austràlia

Ավստրալիա

Atlàntic

Ատլանտյան օվկիանոս

Pacífic

Խաղաղ օվկիանոս

Oceà Índic

Հնդկական օվկիանոս

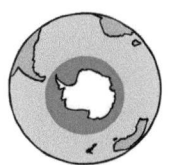

Oceà Antàrtic

Հարավային Սառուցյալ
օվկիանոս

Oceà Àrtic

Հյուսիսային Սառուցյալ
օվկիանոս

pol nord

հյուսիսային բևեռ

pol sud

հարավային բևեռ

Antàrtida

Անտարկտիդա

terra

երկիր

país

ցամաք

mar

ծով

illa

կղզի

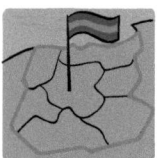

nació

ազգ

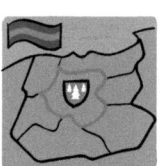

estat

պետական

rellotge
ժամացույց

quadrant

թվատախտակ

agulla de les hores

ժամի սլաք

agulla dels minuts

րոպեի սլաք

agulla dels segons

վայրկյանի սլաք

Quina hora és?

ժամը քանիսն է?

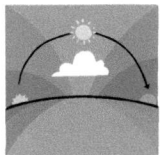

dia

օր

temps

այսպիսով

ara

այժմ

rellotge digital

թվային ժամացույց

minut

րոպե

hora

ժամ

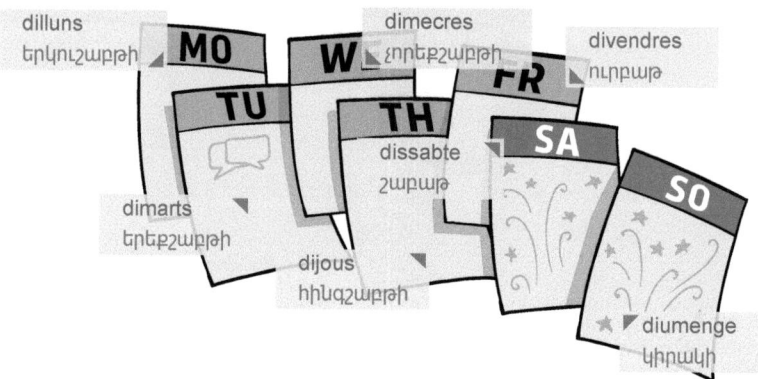

dilluns
երկուշաբթի **MO**

dimecres
չորեքշաբթի **W**

divendres
ուրբաթ **FR**

TU

TH

dissabte
շաբաթ **SA**

SO

dimarts
երեքշաբթի

dijous
հինգշաբթի

diumenge
կիրակի

ahir

այսօր

avui

այսօր

demà

վաղը

matí

առավոտ

migdia

կեսօր

tarda

երեկո

dia feiner

աշխատանքային օրեր

cap de setmana

շաբաթվա վերջ

pluja
անձրև
arc de Sant Martí
ծիածան
neu
ձյուն
vent
քամի
primavera
գարուն
tardor
աշուն
estiu
ամառ
hivern
ձմեռ

4.APRIL 11°
5.APRIL 4°
6.APRIL 13°
7.APRIL 8°
8.APRIL 10°

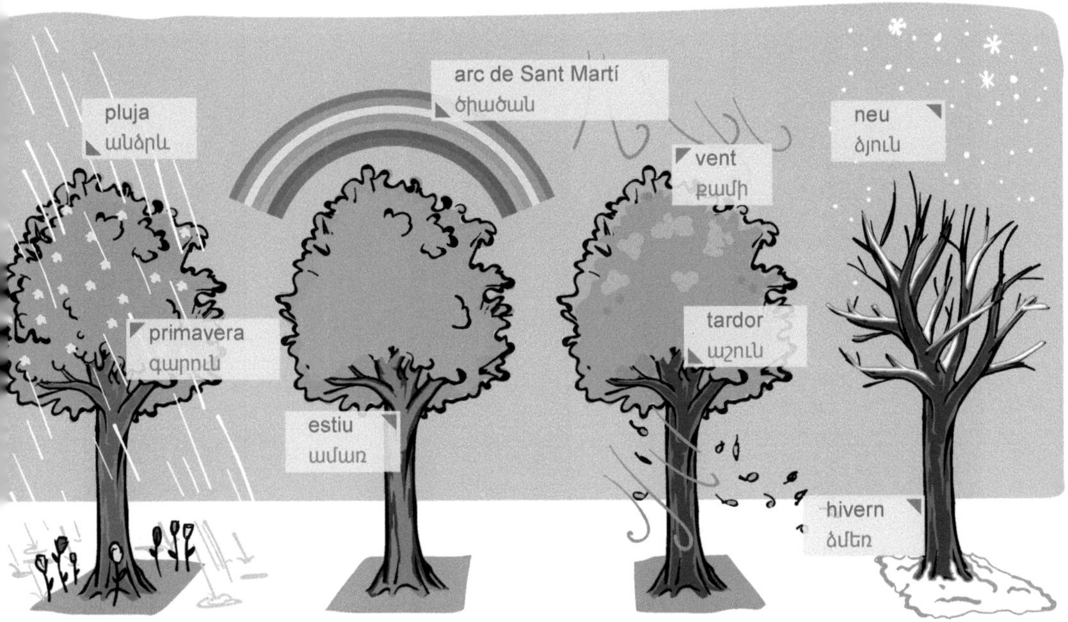

pronòstic del temps

եղանակի տեսություն

termòmetre

ջերմաչափ

llum del sol

արեւի լույս

núvol

ամպ

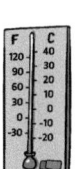

boira

մառախուղ

humiditat de l'aire

խոնավություն

llamp

կայծակ

tro

որոտ

tempesta

փոթորիկ

calamarsa

կարկուտ

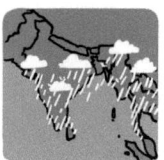

monsó

մուսոն

inundació

ջրհեղեղ

gel

սառույց

gener

հունվար

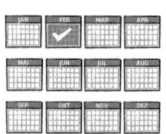

febrer

փետրվար

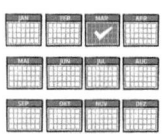

març

մարտ

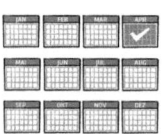

abril

ապրիլ

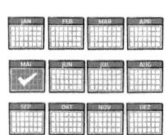

maig

մայիս

juny

հունիս

juliol

հուլիս

agost

օգոստոս

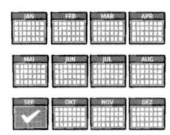

setembre

սեպտեմբեր

octubre

հոկտեմբեր

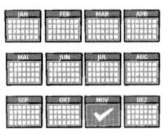

novembre

նոյեմբեր

desembre

դեկտեմբեր

formes

ձևավորում

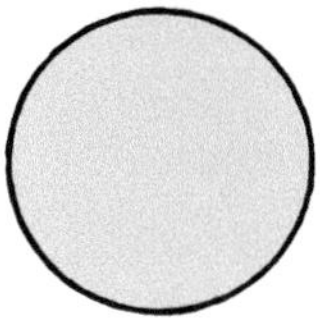

cercle

շրջան

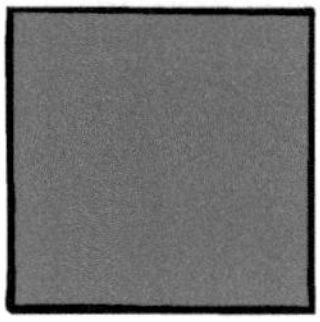

quadrat

քառակուսի

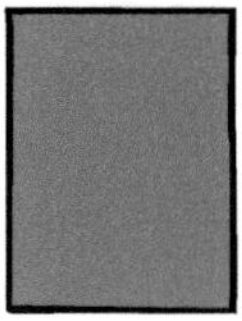

rectangle

ուղղանկյունի

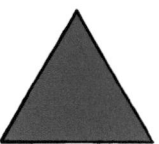

triangle

եռանկյունի

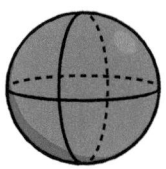

esfera

ասպարեզ

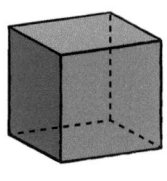

cub

խորանարդ

colors

գույներ

blanc

վարդագույն

groc

մոխրագույն

taronja

դեղին

rosa

մանուշակագույն

vermell

կարմիր

lila

շագանակագույն

blau

կապույտ

verd

սև

marró

նարնջագույն

gris

սպիտակ

negre

կանաչ

oposats
հակադիրներ

molt / poc

շատ / քիչ

emprenyat / tranquil

բարկացած / հանգիստ

bonic / lleig

գեղեցիկ / տգեղ

començament / fi

սկսած / վերջը

gran / petit

մեծ / փոքր

clar / fosc

պայծառ / մութ

germà / germana

եղբայրը / քույրը

net / brut

մաքուր / կեղտոտ

complet / incomplet

ամբողջական / թերի

dia / nit

օր / գիշեր

mort / viu

մեռած / կենդանի

ample / estret

լայն / նեղ

comestible / immenjable

ուտելի / անուտելի

dolent / amable

չար / բարի

entusiasmat / entediat

հուզված / ձանձրացրել

gros / prim

հաստ / բարակ

primer / darrer

առաջին / վերջին

amic / enemic

ընկերը / թշնամին

ple / buit

լիքը / դատարկ

dur / tou

կոշտ / փափուկ

pesant / lleuger

ծանր / թեթև

gana / set

քաղց / ծարավ

malalt / sà

հիվանդ / առողջ

il·legal / legal

անօրինական է /
իրավաբանական

intel·ligent / ximple

Խելացի / հիմարություն

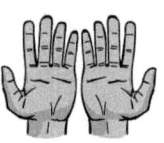

esquerra / dreta

ձախ / աջ

prop / llunyà

մոտիկ / հեռու

nou / usat

Նոր / օգտագործվում

res / quelcom

ոչինչ / ինչ - որ բան

vell / jove

ծեր / երիտասարդ

encès / apagat

միացում անջատում

obert / tancat

բաց / փակ

silenciós / sorollós

ցածր / բարձր

ric / pobre

հարուստ / աղքատ

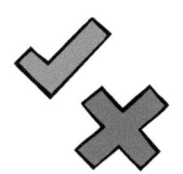

correcte / incorrecte

ճիշտ / սխալ

aspre / suau

անհարթ / հարթ

trist / content

տխուր / ուրախ

curt / llarg

կարճ / երկար

lent / ràpid

դանդաղ / արագ

humit / sec - eixut

թաց / չոր

calent / fred

տաք / թույն

guerra / pau

պատերազմ /
խաղաղությունը

nombres

թվեր

0	1	2
zero	u	dos
զրո	մեկ	երկու
3	4	5
tres	quatre	cinc
երեք	չորս	հինգ
6	7	8
sis	set	vuit
վեց	յոթ	ութ
9	10	11
nou	deu	onze
ինը	տաս	տասնմեկ

12

dotze

տասներկու

13

tretze

տասներեք

14

catorze

տասնչորս

15

quinze

տասնհինգ

16

setze

տասնվեց

17

disset

տասնյոթ

18

divuit

տասնութ

19

dinou

տասնինը

20

vint

քսան

100

cent

հարյուր

1.000

mil

հազար

1.000.000

milió

միլիոն

llengües

լեզուներ

anglès

անգլերեն

anglès americà

ամերիկյան անգլերեն

xinès mandarí

չինարեն մանդարին

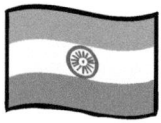

hindi

հինդի

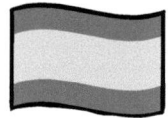

espanyol

իսպաներեն

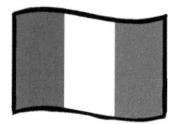

francès

ֆրանսերեն

àrab

արաբերեն

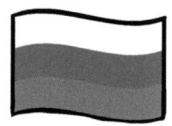

rus

ռուսերեն

portuguès

պորտուգալերեն

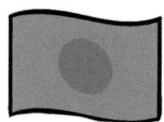

bengalí

բենգալերեն

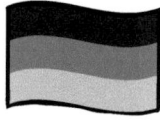

alemany

գերմաներեն

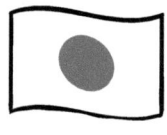

japonès

ճապոներեն

qui / què / com

Ով է /, թե ինչ է /, ինչպես

jo

ես

tu

դուք

ell / ella / allò

Նա / նա /, որ դա

nosaltres

մենք

vosaltres

դուք

ells

նրանք

qui?

Ով է?

què?

ինչ?

com?

ինչպես?

on?

որտեղ.

quan?

երբ?

nom

անուն

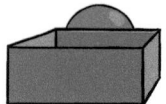

on

որտեղ

darrere

ետևում

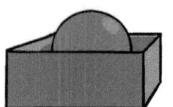

en

մեջ

davant de

դիմաց

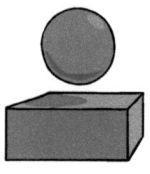

damunt

վրա

sobre

վրա

sota

տակ

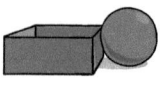

al costat

կողքին

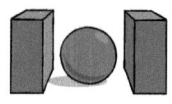

entre

միջեւ

lloc

տեղ